아빠도
가봤어

아빠도 가봤어

10년차 난임 부부 이야기

배유정 시집

책나무출판사

내 가장 친한 친구,
사랑하는 아내 '마눌'에게 바칩니다.

| 서문 |

 아빠였던 적 없는 아빠가 태어난 적 없는 딸의 이름으로 시집을 냅니다. 실체 없는 작가 배유정이라도 태어나면 자식 가진 기분이 들 것 같았습니다. 많은 이들이 이름을 불러 주면 진짜 유정이가 늘고 응답하지 않을까 하는 희망도 있었습니다.

 우리 부부는 아이가 없는 10년 차 난임 부부입니다. 많은 분들이 겪으셨듯이 2세를 가지려고 많은 노력을 했지만 성공하지 못했습니다. 딸인지 아들인지 모를 제 자식은 불러도 대답이 없거나, 별안간 왔다가 금세 떠나버리거나 했습니다. 얼굴도 모르는 딸은 제 마음속에서 나이를 먹어 갑니다.

 최근 우리 부부는 시술을 중단하고 무기한 휴식에 들어가기로 했습니다. 더 이상 도박을 해서는 안 될 지경에 이르렀기 때문입니다. 하지만 사람 일은 모르기에 지푸라기를 놓지 않고 하루하루를 보냅니다. 예쁜 이름, 예쁜 웃음, 예쁜 걸음마가 우리 부부를 기다리고 있다고 믿으면서, 일단 둘이서 잘 놉니다.

 이 책으로 세상의 많은 난임 부부, 죄인 아닌 죄인들께 으쌰으쌰 의미 없는 응원을 하려는 것은 아닙니다. 문학도의 마음으로 예쁜 시를 뽐내려는 것도 아닙니다. 이 책에 실린 글 대부분은 만나지 못한 딸에게 고백하듯 쓴 편지입니다. 짧기에 시라 부를 뿐, 활자로 빚었을 뿐 시라 하기엔 미천한 제 마음의 조각들입니다. 그러니 그냥 '아, 사람 생각 다 똑같구나' 하고 각자 마음속의 유정이를 찾아 가시던 길 묵묵히 가셨으면 하는 바람입니다.

 세상 모든 난임 부부들의 고통이 벅찬 첫 만남으로 치유되기를 진심으로 진심으로 기원하며, 배유정 드림.

| 목차 |

1장 병원에서

어떻게 · 12 / 운전해 · 13 / 죄인 1 · 14 / 죄인 2 · 115 / 직설적이시네요 · 16 /
올리브 맛있더라 · 18 / 노동 착취 · 19 / 약 싫어 · 20 / 몰라도 돼 · 21 /
꽉꽉 · 22 / 떼창 · 23 / 학원을 못 갔어 · 24 / 몇 번째예요 · 25 / 우수고객 · 26

2장 일상에서

안 나와 · 28 / 찰나 · 29 / 아빠 흉내 · 30 / 증명사진 · 31 / 나도 한 판만 · 32 /
딸이 좋아 · 33 / 기저귀 삼촌 · 34 / 멍청이 · 35 / 알약 · 36 / 마음속 여행 · 37 /
멍청이 중독 · 38 / 못생겼던데 · 39 / 왔다 갑니다 · 40 / 안 좋아하는데 · 41 /
벙어리 냉가슴 · 42 / 잔치 · 44 / 이상하다 · 45 / 발끈 · 46 / 복권 · 47 /
딴 데 가서 알아보세요 · 48 / 닭아요 · 49 / 이상한 아저씨 · 50 / 민삼스 · 51 /
퇴근길 · 52 / 선택 · 54 / 뛰어 · 55 / 여섯 단어 · 56 / 엉따 · 57 /
그냥 가시지 · 58 / 달라요 · 59 / 끄덕끄덕 · 60 / 가족사진 · 62 / 셋 · 63 /
뽀뽀 · 64 / 사회생활 · 65 / 그럴 줄 알았는데 · 66 / 쓸데없이 · 67 /
천하삼분지계 · 68 / 목마 · 69 / Pale blue dot · 70 / 시계 · 71 / 황새 · 72 /
나만 고양이 없어 · 73 / 다운받았어 · 74 / 아빠도 가봤어 · 75 /
공포 영화 · 76 / 블랙홀 · 77 / 용광로 · 78 / 팽이 · 80 / 아름다움 · 81 /
아바타 · 82 / 질량 보존의 법칙 · 83 / 곗돈 · 84 / 아는 맛 · 85 /
4차 산업혁명 · 86 / 오야코동 · 87 / 울면 안 돼 · 88 / 다행 안 다행 · 89 /
혜성 · 90 / 요렇-게 · 91 / 녹슨 칼 · 92 / 늘 · 94

3장 마음속에서

부전자전 · 96 / 꿀꿀 · 97 / 점과 점을 이으면 · 98 / 아픔 · 99 /
내가 못 살아 · 100 / 총 살 거야 · 101 / 도박 · 102 / 나이가 들면 · 103 /
Latte is horse · 104 / 골키퍼 · 106 / 알 · 107 / 파란 약 · 108 / 할아버지 · 109 /
발명왕 · 110 / 벤자민 버튼 · 111 / 말조심 · 112 / 억새냐 갈대냐 · 113 /
뛰어 · 114 / 낚시 · 115 / 예의 · 116 / 살랑살랑 · 117 / 드래곤볼 · 118 /
평범 · 119 / 늦어요 · 120 / 공양미 삼백 석 · 121 / 안녕하세요 · 122 /
사과하세요 · 123 / 언택트 · 124 / 한 입만 · 125 / 아빠가 간다 · 126 /
개똥철학 · 127 / 표지판 · 128 / 아빠가 미안해 · 129 / 거울 · 130 / 계속 · 131 /
풍선 · 132 / 인연 · 133 / 필명 · 134

1장
병원에서

어떻게

어떻게 사람을
손으로 만들어요

어떻게 사람을
만들어 심어요

아 네 그게
잘만 되더라구요
그래서

나만 안 되면
섭섭하고 그렇더라구요

운전해

아빠랑 엄마랑
부릉부릉 타고
동네방네 가는 거
좋아하는데

가기 싫고 그냥
오기 싫고 그냥
그럴 때도 있어

너 보려고 가는데
도착해도 너는 없으니까
돌아와도 너는 없으니까

그래서 그날은
가기 싫고 그냥
오기 싫고 그냥

죄인 1

생물의 태생적 기능이 결여된
잉여인간 같아서

기계의 기본 기능이 누락된
불량품 같아서

자존감이 침식되고
스스로 위축되면

지은 죄 없는
죄인이 완성되어

병원에 진열된다

죄인 2

병원 가면 좀 그래

너 볼 궁리만 해도 벅찬데
옆자리 엄마들 얼굴 보는 게
그게 좀 그래

아직 태어나지도 않은
너희들한테 뭘 그리 잘못했는지
고개 푹 숙인 죄인들
죄 없는 죄인들

어느새 나도 죄인이 되어서
병원 가면 좀 그래

직설적이시네요

사무실 편의점 틈에 앉아있는
선생님도 보러 가고
하얀 건물들 사이로 돌아다니는
선생님도 보러 가고
길고 넓은 카페에서 번호표 뽑으면 만나주는
선생님도 보러 가고

앉아있는 선생님은 말이 없고
돌아다니는 선생님은 말이 많더니
번호표 선생님은 말이 송곳 같더라

뭐 했어요 왜 했어요 왜 안 했어요

그리고는 엄마랑 둘이
둘이 놀라고 그랬어

그래도 꼭 너 봐야겠으면
엄마 등 밟고 서서
담 너머로 살짝 볼 가능성이 없는 건 아닌데 아마도 어쩌고

아빠가 미안해

아빠는 너보다

엄마 쬐끔 더 좋아하거든

다음에 보자

올리브 맛있더라

잘 부탁드립니다 선생님
아 네, 보호자분은 나가 계세요

굽신굽신 하고서는
매번 가는 카페 구석에
어둑어둑 스며든다

이 집 올리브 넣은 빵이 맛있거든
항상 같은 자리에서
엄마 깰 때까지 기다리면서
올리브 빵 먹었어

다른 병원 갈 때까지
몇 년을 먹었어

올리브 맛있었어
지겹고 맛있었어

노동 착취

이놈의 병원이
엄마한테 무슨 일을 시켜먹는지
무슨 일을 돈 받아가며 시키는지

병원만 갔다 오면
엄마가 힘들어
엄마가 피곤해

아빠가 그래도
힘은 더 세니까
슬쩍
대신 좀 해볼라치면

보호자분 나가 계세요 하고
보호잔데 보호도 못 하게 하고
남의 마누라를 부려먹기만 하고
이놈의 병원이

약 싫어

오비드렐
에녹사파린
어쩌구저쩌구
뭔 약이 이리 많은지

아빠는 어릴 때부터
쓴 약도 넙죽넙죽
주사도 잘 참고 그랬는데

엄마랑 가는 병원은 싫었어
엄마 먹는 이름 어려운 약도 싫었어
엄마 배에 놓는 주사도 싫었어

다

싫었어

몰라도 돼

선생님 보러 가면
아빠만 살짝 가는 방이 있는데
너는 몰라도 돼

밖에서 보면 큰일 나는
테레비에 안 나오는 그런 게 막 나오는데
너는 몰라도 돼

엄마 소가 이런 기분일까
기계도 감정이 있으면
이런 기분일까

저기 옆방에 엄마도 그렇겠지
아빠 기계 엄마 기계
그래도 둘이라 다행일까

무슨 얘기냐고?
아빠 도망가야 되니까
나중에 얘기하자

꽉꽉

선생님은 방 안에서
나오질 않고
엄빠들은 대기실에서
나가질 않고

갈 때마다 대기실이
꽉꽉
맨날 다른 엄빠들이
꽉꽉

혹시 밖에 나가면
온 동네가
꽉꽉

설마

떼창

퀸 아저씨들 공연에
관객들이 떼창을 하니까
그게 또 좋더라

무거운 지하철을
떼로 붙어 미니까
그게 또 들리더라

병원에 다닥다닥 붙어서
떼로 바닥 보고 있으니까
그게 또 슬프더라

떼로 불쌍하더라

학원을 못 갔어

엄마가 그러더라

선생님들 드린 돈이면
아빠 좋은 차 뽑는대
이 녀석 태어나도
학원은 다 갔대

아빠는 차 욕심 없어서
흘려듣다가

대체 무슨 학원이지
한 군데가 아닌가
일 년 치가 아닌가
세상 물정 너무 모르나
엄마를 슬쩍 본다

음

로또를 더 사야겠다

몇 번째예요

몇 번째예요?

자기소개 주어 목적어
다 빼먹고도
처음 보는 엄마끼리
소곤소곤

아빠들은 멀뚱멀뚱
신기하게 쳐다보다가

여기 들어오는 게
자기소개 주어 목적어구나
그렇구나

끄덕끄덕

우수고객

처음에 선생님 보러 갈 때는
와 아저씨들이다 와 아줌마들이다
그랬거든

마지막 선생님 보러 갈 때는
대기실이 온통 처녀 총각뿐이네
그랬거든

이보세요 선생님들
처녀 총각 신규고객만 보지 마시고
장기고객도 좀

잘해주세요
챙겨주세요

우수고객
아닙니까

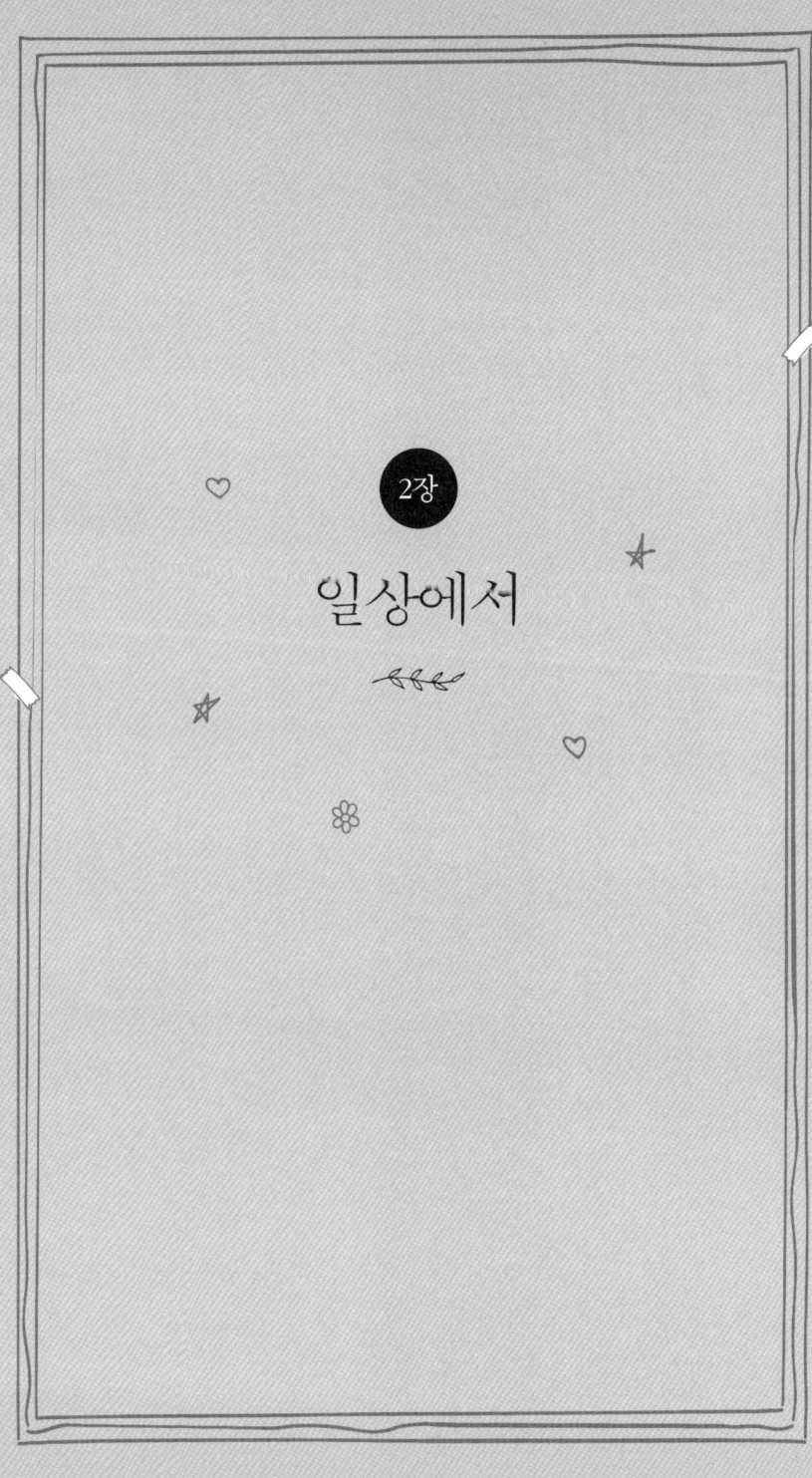

2장

일상에서

안 나와

자판기에 동전을 넣으면
음료수가 나옵니다

음료수가 안 나오면
사장니임
하면 갖다줍니다

선생니임
선생니임

찰나

커피 마시러 갈 때마다 보는
저 친구는 이제 잘 걷는다
계단에서 아빠한테

손 놓으란다
잡지 말란다

놓는 척 살짝 뗐다
다시 잡는 그 찰나
그 찰나가 너무 부럽다

손 놓은 척 옷깃 잡고
불안하게 웃는 저 아빠 잇몸
그 잇몸이 너무 부럽다

그나저나 이제
그만 좀 내려가라
내 커피 다 식는다

아빠 흉내

딸내미 있는 집, 아들내미 있는 집, 둘 다 있는 집
어딜 가든 아빠는 삼촌이야

아빠 흉내 내면서 같이 놀다 보면
꺄륵꺄륵 삼촌 삼초온

이제 삼촌 가서야지이 하면
삼촌 가지 말래

야 나도
집에 가야 아빠 소리 듣지

집에 와서
거품주스 한 잔 먹고
엄마랑 수다 떨고
씻고 이 닦고 누웠는데도
아빠 소린 못 들었어

삼촌이나 할걸

증명사진

봐봐
졸업앨범은
자기 사진 넣잖아? 근데

까똑 프사는 왜
다 아기 사진이야?

사진 칸에는 원래
증명사진 넣는 거 아니었어?

아, 아빠 됐다는 증명
그거 증명하는 거야?

아빠는 증명사진 없는 거 몰랐네
아빠는 증명 안 된 사람이네

큰일 났네

나도 한 판만

주민센터 구청 시청은
오락실이거든

동전 넣고
엄지손가락 삑 하고
글씨 한참 써 주면
상품으로 종이 주거든

어우 귀찮아 어우 재미없어

그런데 출생신고 게임은
재밌어 보이더라

통장 넣고
열 손가락 삑 하고
깜지 스무 장 써야 된대도
한 판만 해보고 싶다

나도 한 판만

딸이 좋아

아빠들이 그러거든

딸이 좋아
딸이 좋아
딸이 좋아

아빠도 그런데
딸이 좋아
안 했어

뭐가 좋아? 하면
잘 모르니까

딸이 좋아
안 했어

기저귀 삼촌

아빠 친구들이
자꾸 아빠가 돼서
아빠가 선물 줬어

특별한 선물 주고 싶은데
특별해 봤자 자식만 못하니
특이한 게 좋겠네 기저귀가 딱이네

아빠 여기저기서
기저귀 삼촌 됐어

기저귀를

줘보고 싶었는지
사보고 싶었는지

멍청이

아빠 헐크로 변신했다가
해파리로 변신했더니
그래도 걸어 다니서야죠 하고
선생님이 약 줬거든

멍청해지는 약도 먹고
겁 없어지는 약도 먹었더니
걸어 다니는 기계로 변신했어
아빠 이제 트랜스포머야
멋있지

기계가 돼서 일어나 달력을 보니
몇 장은 잡아 뜯었고
몇 장은 불탔고
몇 장은 뿅 하고 없어졌는데
몰랐네

달력 많이 없어졌는데
아빠 이제 멍청하니까 괜찮아

알약

동그란 거
쬐끄만 거
쪼개진 거
노란 거
빨간 거

알록달록 방울무늬
멍청이 갑옷

멍청이 갑옷이
당신을 지켜드립니다

마음속 여행

가시가 안으로 난다
멍청이 갑옷을 입는다

물이 안으로 들어찬다
멍청이 배를 띄운다

육지에 닿는다
잠들고 깬다

가시가 안으로 난다
멍청이 갑옷을 입는다

물이 안으로 들어찬다
멍청이 배를 띄운다

육지에 닿는다
잠들고 깬다

가시가

멍청이 중독

멍청이 바다에 안 빠지려고
발버둥 치고 살았는데
일단 빠지고 보니
멍청이만 물에 뜨더라

세상에 공기만 한 중독 없지
멍청이 중독이야

숨 쉬려면 멍청해야 하니까

아
답이 없는 건 아닐까
큰일 같은데

모르겠다
멍청해서 모르겠다

못생겼던데

익모초
좋대

여자 몸에
좋대

아닌데
아빠는 익모초
엄마 안 줄 건데

익모초
못생겼던데

왔다 갑니다

경치 좋은 데 엄마랑 놀러 갔더니
저 높은 정자에 어찌 썼는지
개똥이 소똥이 왔다 갑니다
참 얄밉지

너도 왔다 갔을 때
얄미있는데

귓가에 봄바람 부나 했더니
태풍에 멍멍해서 숨소리도 안 들리더라

저 글씨는 얄미워도
쓴 사람한테는 추억일 텐데

아빠는 모르겠다
너 왔다 간 건
추억 안 될 것 같은데

잘 모르겠다

안 좋아하는데

너 태어나면
사주 보러 가고
조리원 동기 모임
엄마랑 같이 가고
오십일 백일 사진
찍으러 가고 싶다

미신이고 요란하고 유난이고
그렇게만 생각했는데

마냥 부럽다
안 좋아하는데
부럽다

벙어리 냉가슴

결혼 못 한 친구 앞에서
자식 아픈 부모 앞에서
자식 잃은 부모 앞에서

나는 자식 없어 힘들다
말을 못 한다
저들도 내 앞에서 힘들다
말을 못 한다
다들 착해서 벙어리
벙어리 냉가슴 앓는다

조용한 벙어리 동굴에
입 뚫린 놈 들어오면

야야 무자식이 상팔자야
에이 둘이서 좋을 때다
아니 나는 결혼도 못 했는데

왜 나도 내 새끼

마음속에 몇 년을 붙들고 살았는데
왜 나도 내 새끼
있다 없는 거나 마찬가진데

왜
왜 뭐 왜

잔치

결혼식 가서 신랑 신부 보고
밥 먹으며 남의 아기 보고

돌잔치 가서 남의 아기 보고
밥 먹으며 다른 아기 보고

결혼식은 뜸해지고
돌잔치는 많아지더니
어느새 다들 학부형이고

잔치 갈 일도 없고
잔치 할 일도 없고

이상하다

1킬로 떨어진 극장 만 원
10킬로 떨어진 동물원 오천 원
100킬로 떨어진 국립공원 삼천 원

아빠가 보니까
가까울수록 비싸더라고

그래서 너 보려고
선생님 드린 돈이면

이상하다

분명히 코앞에
있어야 되는데

발끈

자식 갖고 농을 하기에
몇 마디 맞장구 쳐줬는데
남의 자식 갖고 왜 그러냐니

나는
자식 자랑 한탄 고민 다
들어줬는데

나는
자식 없어 힘들다고
붙들고 한탄 한 번
한 적 없는데

복권

로또 되면
너랑 뛰놀게
마당 있는 집
지으려 했는데

이제 엄마랑
얌전히 놀게
연금복권으로
갈아타야겠다

딴 데 가서 알아보세요

어찌 괜히 말을 걸어
내 마음을 알아주시나
했더니

한 번 듣고 열 번
신세 한탄
하시려던 거였네요

그래서 그 말이
힘드시겠네요 그 말이
살랑살랑
가벼웠던 거네요

내 슬픔
이용하지 마세요

딴 데 가서
알아보세요

닦아요

소주 뿌려 닦아요
고기 기름 뿌연 거
진짜 진짜 잘 닦이거든요

아 감사합니다
좋은 거 배웠습니다

제 인생도 요즘
소주 뿌려 닦아요

구경할 땐 신기해 보이더니
노상 닦다 보니 이것도
만능은 아니네요

어쩌겠어요

소주도 다른 걸로 바꿔보고
걸레도 극세사로 바꿔보고
팔운동도 좀 하고 뭐 그래야지요

이상한 아저씨

아빠가 멀리
먼 데까지 가서 술 먹고
기차 타고 왔거든

건너편에 귀여운
아기가 자는데

술을 너무 많이 먹었나
술이 눈으로 넘치는 거야

옆자리 아줌마한테
미안했어

눈에서 술 냄새 나는
이상한 아저씨잖아

민삼스

아빠가 눕혔어
책장을 눕혔어

키 큰 애 눕히니까
옆으로 길길래

인형을 주르륵 늘어놨더니
많이도 올라간다
대가족이다

가운데 무민 셋은
아빠 친구 뽑기왕님
하사품이야

이름은 민삼순데
이십 세기 스타일이니까
이십일 세기 스타일인 네가
새로 좀 지어주라

퇴근길

아빠 퇴근길에는
회사 어린이집이 있어

박 차장네 딸도 있고
김 과장네 아들도 있어

오늘도 유리창 너머로
모르는 얼굴들이 인사를 한다
그럼 아빠도

안녕하세요오 배꼽인사도 하고
안녀엉 양손도 흔들고
지나가는 사람들 눈치도 보고

오솔길에 접어들어
다시 혼자가 되면

입가엔 아직 미소가 남았는데
눈은 젖어서 찡그려지네

아이고 못생겼다

집까지 십 분이면 가는데
손잡고 같이 좀 가주지
그러면 아빠도
안 못생겼는데

선택

엄빠 되기 싫을 때 먹는 약은
얼마나 많길래
테레비에 맨날 나와도 안 모자란가

나를 지켜주는
나를 위한
나의 선택

이쁜 언니 잘생긴 오빠
껴안고 웃는다

엄마랑 아빠도
껴안고 웃었어
근데 우리는
지켜달라고 안 했어

엄빠 되고 싶을 때 먹는 약은
어디에 있길래
테레비 맨날 봐도 안 나오던데

뛰어

남의 새끼랑
이렇게 잘 노는데
내 새끼면 오죽할까

오늘도 아빠한테
지 새끼 떠넘기고 널브러진
남의 새끼 엄빠들을 넘어서
아빠는 이리 뛰고 저리 뛴다

하나도 안 힘든데

매일 할 수 있는데

여섯 단어

헤밍웨이의 여섯 단어에
팔 신발도
없어서

* 정말 헤밍웨이가 쓴 것인지는 불분명하지만, 이런 글이 전해집니다.
  'For sale: Baby shoes. Never worn.'

엉따

담배 자전거 두유 다리꼬기 꽉끼는빤쓰 엉따
금지

마트밖에 안 가는 차
사만오천 타고 나서
엉따 스위치
처음 만져본다

가슴은 시려도
엉덩이는 따뜻한 새 인생

그냥 가시지

두 분 사이 좋으신가 봐요
손잡고 가시는 거 몇 번 봤는데

네 하하

아이는 없으세요?

네 하하

침묵은 고맙다
죄송해요는 내가 죄송하다
없는 게 편해요는 안 죄송하다

개똥이는 마트에 살아!
엄마아빠는 집에 갈 거야!

그때 그냥 집에 가지 그랬니
없는 게 편하다면서
그냥 가지 그랬니

달라요

아저씨 요즘은요 결혼 많이 안 하거든요
먹고살기 팍팍해서 포기 많이 하거든요
우리 세금 애들한테 쓰기 싫거든요

아아 그럼요 이해하지요
저는 제가 손해 볼 준비 돼 있어요

준비
돼 있어요

준비

돼 있어요

끄덕끄덕

우리 이제
아기 못 만날 것 같아요

그렇구나 힘들겠네
남들 다 누리는 걸
못 한다니 힘들겠네

아니요

제 안에서 태어나서
같이 산 지 오래됐어요
오래됐단 말이에요

아 쟤는 시작을 못 했구나
그러면 안 되고요
아 소중한 내 새끼 떠났구나
그래야 같은 거거든요

근데 그런 끔찍한
소리를 어떻게 해요

비유랍시고 그런
이해시키겠다고 그런

그래서 그냥
끄덕끄덕했어요

가족사진

아빠가 낡은
테레비 뜯어 만든 액자에
엄마랑 찍은 사진들
붙여놨거든

사진 더 많이
남기고 싶어서
가족사진
찍기로 했거든

둘이 찍은 사진들 위에
둘이 찍은 사진들 더하면

음

어떻게 구분하지

셋

길에서 아는 사람 가족을 만나면
평소 같지 않게
오버해서 인사를 한다

우리 둘이고
저긴 셋이니까

괜히
셋인 척
센 척
해보느라고

뽀뽀

조카가 영상통화로
삼통 사랑해요 하고 뽀뽀해준다

그게 너무 좋으면서
내 딸이 그러면 섭섭할 것 같아

나만 그런가

사회생활

어른들 일이라는 게
그렇거든
표정관리라는 거
해야 하거든

그런데

아직도 애가 없냐
삼지구엽초가 좋다니까 내 말
믿어보라니까

그 얘기 세 번 듣고부터
표정관리 안 하기로 했어

아빠 쫌생이라고?
미안하다 야

그럴 줄 알았는데

만나고
사랑하고
결혼하고
같이 살고

당연하게 그렇게
흘러와서

그다음도 그렇게
흘러갈 줄
알았는데

그럴 줄
알았는데

쓸데없이

병원 계단
병원 바닥 무늬
병원 카페 벤치
병원 앞 군밤 장수
병원 화장실 가는 복도
병원 주차장 기둥
병원 의자 색깔

왜 떠오르나 몰라
쓸데없이

천하삼분지계

아빠 엄마 너

셋이 손잡고 서면
뭔가 딱 안정적인데

둘이 서 있으려면
눌이 같이 안 흔들리려면
아빠가 좀 더
튼튼해져야겠어

그래서 그런가
요즘 아빠
배가 나오네

커다래지네

목마

한옥마을을 걷다가
목마 탄 아이들 보고
혼자 괜히 걱정을 한다

손을 잡아야 하나
발을 잡아야 하나
넘어가면 어쩌나
땀 차면 어쩌나
잠들면 어쩌나
토하면 어쩌나

그러다 움찔한다
손을 이렇게 해야 하나 하고
뻗으려다가
움찔하고 정신 차린다

구경 하나도 못 했다

Pale blue dot

유튜브 헤엄치는데
칼 세이건 아저씨 목소리가
어찌나 좋던지

점

하나 달랑 찍힌
지구 사진 보면서
꿈꾸는 것 같더라

너도 저기 있겠지
우리 같은 별에 있겠지

* 'Pale blue dot'은 보이저 1호가 찍은 지구 사진입니다. 광활한 공간 속에 작디작은 한 점만이 밝게 빛납니다. 학자이자 작가였던 칼 세이건이 들려주는 창백한 푸른 점의 이야기를 꼭 한 번 들어 보세요.

시계

아빠 엄마는 집돌이 집순이라서
연휴 지나고 출근할 때
깜짝깜짝 놀라거든

시계가
막 삼일 전이고 그렇거든

아빠는 너랑
삼일만큼 가까워진 걸까
삼일만큼 멀어진 걸까

황새

새들의 서식지가 위협받고 있습니다

다큐를 보면 황새가 걱정돼
요즘 살기 팍팍해서
너 물어다 줄 여유
없는 거 아닐까

요샌 전화 한 통에
대리운전도 해 주는데
펠리컨이건 도요새건 딱새건
대신 좀 물어다 주세요

나만 고양이 없어

아빠가
엄마 따라 랜선 집사 됐거든

고양이카페 가서 막
소파로 선택받고 막
좋아서 막

고양이는
아빠 엄마처럼 오래 못 사니까
먼저 가버리니까
그러니까 못 키운다고 말은 했는데

너 알레르기 있으면 안 되잖아
아프면 안 되잖아

그런데 여태 우리는

고양이도 없고
너도 없고

다운받았어

누가 그러더라

아빠, 나는 어떻게 태어났어?
어, 인터넷에서 다운받았어

거기 어딘지 나도 좀 알려주세요
유료도 좋고
피싱이라도 좋으니까
사진만이라도 좋으니까

아빠도 가봤어

엄마한테 잘 보이려고
아빠가 맛있는 거 막 사줬거든

행여 힘들까 봐
붙어서 막 챙겨줬거든

그래서 안 아플 줄 알았는데
너네 집 보수공사 하느라
엄마가 수술을 받았어

엄마 힘들잖아 쉬어야지
조리원에 갔어
좋더라 밥도 맛있고

아빠도 가봤어
너랑 간 건 아니지만

아빠도 조리원
가봤어

공포 영화

어릴 땐 귀신이 무섭고
자라선 까만 우주가 무섭더니

이제는 애들 다치는 영화가
제일 무섭더라

아빠는 컨저링 화내면서 봤어
왜 어린애들 괴롭히니

영화 드라마에 왜 몰입하냐고
사실도 아닌데 왜 흥분하냐고
그랬었는데

애들 다치게 하면
감독 가만 안 둔다고
아빠가 이러고 있다

* 컨저링은 2013년에 나온 공포 영화입니다. 악령이 애들을 괴롭혀요.

블랙홀

블랙홀이 쿠퍼 씨를
삼켰다가 뱉었더니
머피는 딸이고 딸은 할머니고

아빠도 시꺼먼 데 들어왔는데
나가서 어느 분께 가면 되겠니

어르신 혹시 저
모르십니까
아빠야 아빠

죄송합니다

* 2014년에 나온 영화 인터스텔라에서 아빠 쿠퍼가 블랙홀 속으로 들어갔다 나왔더니, 딸 머피가 할머니가 돼 있었어요.

용광로

아빠 신발이 떨어져서
싸구려 본드로 붙여 신다가
그것도 너무 더러워서
새것 사러 나왔거든

그러다 갑자기
그냥 갑자기 그래

내 새끼 신발 사야 되는데
나는 왜 이딴 걸 사러 나왔나

비싼 것도 아니고
싸구려 신발에 싸구려
본드로 붙여 쓰다가
그러다가 나온 건데

그런 생각이 갑자기
아빠를 덮쳐
아빠를 찔러

그러기를 하루에 수백 번

아빠 용광로가

부글부글 끓던

그럴 때가 있었어

팽이

코브 씨네 팽이를
식탁에서 돌렸더니
돌돌돌돌돌돌

역시 꿈이었어
역시 다 가짜야

도르르륵 드드득

컷

자자 다시 갑시다

* 2010년에 나온 영화 인셉션에서, 주인공 코브가 꿈인지 생시인지 구분하기 위해 팽이를 사용합니다. 팽이가 계속 돌면 꿈, 쓰러지면 현실. 저도 제 삶이 꿈인지 아닌지 확신이 없어서 하나 샀어요.

아름다움

닿을 수 없기에
아름답다

네 헛소리 그만하시고요
때려치우시고요

아바타

아빠 마음속에 살면서
얼굴 한 번 안 보여주길래
세상 애들이 전부
너의 아바타가 됐어

앗 내 새끼 아바타들
얘도 귀엽고
쟤도 귀엽고

아이구 내 새끼들
귀엽네

질량 보존의 법칙

털어내는 거라
생각했어
너를 얘기할수록
입김 타고 네 무게도
덜어질 거라고

종이에 쓰다 보니
무게는 그대론데

다채롭구나
더 예쁘구나

덜어지지 않아서
다행이구나

곗돈

이집 저집
초보 아빠 초보 엄마
품앗이 다녔더니

아빠랑 엄마랑
이것저것 할 줄 알아

그래봤자 삼촌 숙모지만
초보 티는 벗었지

그렇게 연습했는데
준비된 아빤데

곗돈 붓고 나만
나만 못 타 먹었네

아는 맛

품 안의 그 느낌
무게
온도
촉감

조카들이 알려줘서
잘 알잖아 아빠가

음식도 아는 맛이
무섭다더니

아니까 허전하네
춥고 그렇네

4차 산업혁명

아 그게 벌써 4차입니까
4차 산업혁명입니까
우리 애는 몇 차에 볼 수 있습니까

아니 아니
불은 내가 끄고
운전도 내가 하니까
내 새끼 만나는 그 혁명
몇 차냐니까요

아니 아니
가상현실 말고
가상이 왜 현실이야 이 사람아
나도 머릿속에
몇 년을 데리고 살았어

뭐야 그것도 안 돼
뭐야 별거 아니네
안혁명이네

오야코동

닭이냐 달걀이냐
그것이 문제로다

아 저는
오야코동 주세요

부모 자식 같이 있는
오야코동 먹을게요

울면 안 돼

산타 어르신
아이들한테 선물 주시죠
아이를 선물하신 적은
없으시죠

제가 나이는 좀 있지만
마음은 어립니다
데려다주시면
같이 잘 놀겠습니다

안 울겠습니다

다행 안 다행

기후변화 빈부격차
경기침체 세대전쟁
무서운 얘기 들을 때마다

그래 이런 세상에
안 오는 게 좋을지도 몰라
하다가도 또

우리는 답을 찾을 것이다
늘 그래 왔듯이
희망을 들을 때마다

그래 저런 세상은
사실은 안 올지도 몰라
하다가도 또

혜성

수십 년에 한 번 오는 혜성은
누구나 보잖아요

수백 년에 한 번 오는 혜성은
못 볼 수도 있잖아요

다시 태어나든지
아주 오래 살든지

그럼 되죠 뭐
어디 그게
혜성 탓이겠어요

요렇-게

아빠 군인 때
둥지에서 떨어진
새끼 까치가

아빠 요렇-게
올려다봤거든

가만히 앉아서
요렇-게
올려다봤거든

너도 그럴까
요렇-게
올려다봤을까

녹슨 칼

농담이랍시고 위로한답시고
잘 몰라서 실수하신 분들
이제 상처 덜 받아요
괜찮아요

반은 그냥 용서하고요
반은 이따 용서할게요

그런데요
상처 주는 게 목적인 사람
농담인 척 생각 없는 척
녹슨 칼로 푸욱
내 상처 찌른 사람
당신은 용서 안 해요

남자 새끼가 찔찔
집에 가는 길에 혼자 찔찔
울었지만

그게 내가 졌고
당신이 이겼다는 뜻은
아니에요

내가 호구인 거
스스로 알듯이
대범치 못한 것도
스스로 알아요

나는 당신
용서 안 해요

언젠가 반드시 아프게
아프게 해줄 거예요

늘

인간은
늘 눈에 띄는 것을 탐한다는데

마음속에 항상 보이는 것은
눈 감아 피할 수도 없다

갖고 싶어 떠오르고
떠오르니 갖고 싶고

3장

마음속에서

부전자전

할머니 할아버지 품에
손주 못 안겨드려서
아빠가 불효자 됐잖아

엄마 아빠 품에
안 안기고 도망가서
너도 불효자 됐잖아

아빠랑 똑같네

아빠를 똑
닮았네

꿀꿀

돼지는 꿀꿀

소는 음메음메

병아리는 삐약삐약

내 새끼는

점과 점을 이으면

점 네 개를 이으면
사각형이야
선이 네 개야

점 세 개를 이으면
삼각형이야
선이 세 개야

점 두 개를 이으면
선이 한 개야

아빠는 이제
엄마뿐이야

아픔

못 가져 생긴 아쉬움
잃어서 생긴 슬픔

아빠는 너 못 가졌지만
마음속에 있었는데

아쉬움과 슬픔 중간이니
아픔이라 해야겠다

내가 못 살아

딸내미 잔소리는
들어도 기분 좋다던데

내가 못 살아
진짜 이럴 거야
어휴

한번 해봐라 야

엄마는 아빠한테
저런 말 안 하니까

아빠가 가르쳐야겠군
잔소리 학원을
보내야겠군

총 살 거야

아빠가 엄마한테
딸 낳으면 총부터 산다
하니까
엄마가 그게 뭐냐고
까르르 웃네다

속으로 진짠데 하다가
까짓것 없어도 뭐

아빠 키 작고 힘없지만
우리 딸 괴롭히면
타이슨도 찰싹찰싹
때려줄 거야

타이슨이 누구냐고?
세상에서 제일
힘센 아저씨야

아빠가 이겨

도박

남자들은 왜 그렇게 도박을 좋아해?
너는 몇 살쯤 되면
저리 구체적으로 잔소리할래
딸들은 일찍 하더라

아무튼 아빠는
도박 안 좋아해

하나밖에 없는 소중한
엄마 몸으로
여태 도박 충분히 했어

아무튼 아빠는
도박 안 좋아해

나이가 들면

나이가 들면
나이가 많이 들면
나에게로 돌아와
기억을 파먹고 산다고 했어

지겹지 않도록
기억을 많이 쌓아두어야 하는데

본 적도 없는 너에 대한
그리움만 쌓여 있으면

아빠는 나이가 들어도 계속
그립기만 하겠네

Latte is horse

아빠가 말이야
살아보니까 말이야
계획이라는 게

어어어어어어어어엄청! 중요하더라
이 말이야

시작이 반인데
계획이 즉! 시작이더라!
이 말이야

옛말에 틀린 말 하나 없더라
이 말이야

그런데 말이야
아빠 인생 계획에는
항상 네가
있었단 말이야

아빠는
어쩌란 말이야

남은 인생
어쩌란 말이야

골키퍼

아빠 축구 못하는데
그건 비밀로 하자

그냥
내가 박지성
해야 되니까

아빠는
골키퍼
하는 걸로 하자

알

아빠가
새가 되고 싶었거든
새가 돼서 엄청

높이도 날아보고
멀리도 날아보고

그런데 새는 알 낳잖아
너 알 깨고 나오려면 힘들잖아, 그래서

아빠가 새
안 하기로 했어

파란 약

모피어스 삼촌이
빨간 약 줄까
파란 약 줄까
하면

선생님, 파란 약 먹으면
우리 아기 만날 수 있나요?
물어봐야지

그렇소, 하면
아빠는 빨간 약
필요 없거든

* 1999년에 나온 영화 매트릭스에서, 모피어스는 주인공 네오에게 선택을 요구합니다. 파란 약을 먹으면 가상의 세계 매트릭스로 돌아가지만, 빨간 약을 먹으면 힘겨운 현실에서 살아야 해요.

할아버지

테레비 보면
엄청 멋있는
할아버지들 나오잖아

아빠도 나중에
멋있는 할아버지 할거거든

나이만 먹으면
멋있는 노인이지
멋있는 할아버지
아니잖아

일단 아빠가
아빠를 할 테니
그담에 너도
아빠든 엄마든 해보자

일단 할아버지 하고
멋있는 건 다음에 고민하자

발명왕

아빠 꿈이
발명왕이었거든

언덕도 거뜬
기저귀가방도 거뜬
컵홀더는 기본

그런 유모차
발명할 뻔했거든

고객님 여기 싸인 하시면
주문 제작 들어갑니다

멘트도
준비했거든

벤자민 버튼

불공평을 인정하면 어른이 된다
그럭저럭 어른 노릇 해왔는데
너 때문에 빠꾸 먹었어

왜 나는 아기 안 주시나요
불공평해요

아무도 못 듣게
속으로만 말했는데

누구야 고자질한 게
달님이야 바다님이야

오늘부터 아빠는 어른 취소라네
아기 달라했더니
내가 아기 됐다네

안아 안아
아빠 안아

말조심

나중에 너 크면 말조심해야지
따뜻하게 부드럽게 말해야지
왜? 하고 천 번 물어도 괜찮아
진지하게, 장난은 쬐끔만
천천히 재밌게 말해야지

수천 번 결심했더니 아빠 꽤 하더라
아빠 마음속에서 너랑 얘기 많이 했는데
실수 한 번도 안 했거든

엄마는 아빠꺼지롱 한 거?
실수 아니지 왜

우리 얘기들

기억이 되면 안 되겠지
그냥 상상이겠지
아빠만 힘들겠지
그렇겠지

억새냐 갈대냐

억새냐 갈대냐
메꽃이냐 나팔꽃이냐
졸참나무냐 상수리나무냐

아빠가 열심히 외웠거든
너한테 잘난 척하려고
멋있는 척하려고

우와 아빠는 다 알아
그 소리 들으려고
아빠가 열심히 외웠거든

아빠는 다 알아
저건 고들빼기고
저건 씀바귀야

아빠
멋있지

뛰어

고객님

마당 있는 집에서
우리끼리 살면요

아빠랑 뛰다가 넘어셔도
아빠만 등짝 맞으면 되니까
고객님한테 어어엄청
유리합니다

자알 생각해 보세요
요즘 이런 조건 없어요
맘에 드는 매물 보시거든

알려주세요
연락주세요

낚시

아빠 어릴 때
아빠 아빠랑 낚시 갔거든

고기는 안 잡고
장구애비 물방개 새우 잠자리 메뚜기
그래도 낚시는 낚시거든

근데
아무리 생각해봐도
라면을 안 먹은 것 같거든

라면 먹는 것도 낚시는 낚시니까
너도 아빠랑
낚시 가자 라면 먹자

김치도 있어

예의

사회생활 하려면
예의 좀 알아야 되거든

차 타면 오른쪽 뒷자리
막 앉으면 안 되거든

근데 야 너는 오른쪽 뒷자리
몇 년을 공짜로 앉겠냐

예의 없는 거 아니다
아빠가 허락해준다

그 자리 독점권
공짜로 준다

살랑살랑

바람이 살랑살랑
몸에 닿는 게
아빠는 좋더라

엄마한테 반지 줄 때도
바람 살랑살랑
부는 데서 줬거든

차 타고 여행 갈 때
머리 헝클이는 바람
바닷가 짠바람
산골짝 찬바람

아빠가 하나씩
알려줄게

드래곤볼

이거 비밀인데
아빠도 피콜로 대마왕처럼
입으로 알 낳으면 좋겠다는
상상을 해봤거든

이거 비밀인데
나메크성엔 남자 여자가 없으니까
드래곤볼 모아서 엄마 찾으면 되겠다
상상도 해봤거든

이거 비밀인데
드래곤볼이 있으면
알 낳지 말고 나메크성인도 하지 말고
너만 보내 달라 하면 되는 걸
뒤늦게 아차
했거든

평범

평범하게 살기가
세상 제일 어렵대

다행이다
너 만나는 건
평범한 일도 아니잖아

에이
원래 어려운 거네

에이
나만 그런 거
아니네

늦어요

아빠가 남들보다 늦게
훨씬 늦게 깨달은 것들
적어 놓고

너한테는 일찍
알려주려고 했거든

일찍 와야
일찍 알려주는데

큰일이다 야
엄청 늦겠다

꼴등 하겠다

공양미 삼백 석

앞도 안 뵈는 불쌍한
심청 아빠 심봉사
공양미 피싱당해
딸내미가 고생이더라

아빠는 안경은 썼어도
앞도 잘 뵈고
공양미 삼백 석
강매할 사람도 없고
너 인당수에
밀칠 사람도 없다

너 집에 있거라
인당수
가지 말거라

안녕하세요

시간이 갈수록
후회와 죄책감만

어쩔 수 없는데
잘못한 거 아닌데

위로도 다짐도
어차피 소용없는 거

우리 각자 나한테
인사나 합시다

안녕하세요

사과하세요

엄마랑 아빠랑 사랑하니까
맨날 서로 미안하지

근데 좀 열 받네
따지고 보면
도망 다니는 네가
잘못한 거 아니냐

죄송합니다 해야지

아니 아빠 말고
엄마한테 해야지

옳지

언택트

네가 일찍 왔으면
엄마랑 아빠랑
덜 친했겠지
정신없이 살았겠지

네 덕분에 엄마랑 아빠랑
얘기도 많이 하고
놀러도 많이 가고

이야 효도도
이런 효도가 없네

언택트 시대에
원격 효도 선구자였네

한 입만

이유식 먹이고
한 숟갈 남은 거
안 먹겠다고 밀쳐낼 때

먹지 마라 흥
하고
내 입에 쏙 넣기

해보고 싶다

아빠가 간다

아빠는 네가
태어나지 않았다고
생각 안 해
네가 오다 떠났다고도
생각 안 해

길을 잃었어도
네 잘못 아니야
아빠가 길치라
길을 못 알려줬어

더는 엇갈리지 않도록
너는 거기
고대로 있어라
아빠가 간다

기다리기 심심하거든
아빠아 하고
불러줘도 좋겠네

개똥철학

아픔을 나눠서 반이 된 게 아니고
아프던 사람 반은
나아서 그렇거든

기쁨을 나눠서 배가 된 게 아니고
기쁜 사람 둘이 모였으니
배가 된 거거든

내 아픔 말해봤자
저 사람은 이해 못 하더라
남의 집 좋은 소식
들을수록 나는 더 아프더라

이런 식으로 삐딱한 거
이딴 개똥철학 같은 거

그만해야 되는데
그만해야 되는데

표지판

걷다 보면 어디든 도착하겠지 싶어
길 따라 걸었어

무서운 그림도 있긴 했는데
정지 표지판은 없길래
길 따라 걸었는데

-경 고-
길 없 음

아무것도 몰라도
그래도 길 따라 걸었는데
절벽으로 난 길이라니

그럼 나는 절벽을 향해 온 걸까
걷다 보니 절벽인 걸까

다른 길도 있었을까
정말 그랬을까

아빠가 미안해

아빠가
미안해

아빠가
미안해

미안해

아빠가
미안해

거울

늙으면 애가 된다는데
혹 그때까지
너 못 만나면
거울 보면 되겠다

계속

같이 뛰고
같이 웃었다

마음속에서만 만나도
얼굴 나이 몰라도
아빠와 딸은
아빠와 딸이었다

진짜 손을
잡아주지 않아도 좋고
나이는 내가
두 살씩 먹으면 되니까

지금까지처럼 그렇게
마음속에서라도 그렇게

풍선

너를 품고 부풀어서
아빠는 풍선이 되었다

너를 품은 채 땅을 버리고
훨훨
날아볼까도 했다

엄마 실에 묶여
가지 못했다

이다음엔 네가
실이 되어라

아빠 풍선 엄마 풍선
같이 묶어서
둥실둥실 예쁘게
장식해다오

인연

타인과의 인연은
떨어진 몸이 닿을 때
자식과의 인연은
닿은 몸이 떨어질 때

이어진다

몸속에 품은 몸
놓아주려면
맘속에 품은 맘
놓아야겠다

내 맘이 네 맘을 세게 쥐어
인연이 닿지 못했었구나

자

놓자

필명

너에게 주고픈
이름이었다

오래 고민한
이름이었다

작가 유정이 먼저 낳지만
크게 불러 네 귀에도 들리거든
와서 냉큼 찾아가렴

이건 원래
네 거니까

이 도서의 국립중앙도서관 출판예정도서목록(CIP)은 서지정보유통지원시스템
홈페이지(http://seoji.nl.go.kr)와 국가자료공동목록시스템(http://www.nl.go.kr/kolisnet)에서
이용하실 수 있습니다. (CIP제어번호 : CIP2020051060)

아빠도
가봤어

초판 1쇄 발행 2020년 12월 11일

지은이 배유정

펴낸이 임병천
펴낸곳 책나무출판사
출판신고 2004년 4월 22일 (제318-00034)

주소 서울시 영등포구 신길3동 325-70 3F
전화 02-338-1228 **팩스** 0505-866-8254
홈페이지 www.booktree.info

ⓒ 배유정 2020
ISBN 978-89-6339-665-1 03810

*이 책의 판권은 지은이와 책나무출판사에 있습니다.
*양측의 서면 동의 없는 무단 전재 및 복제를 금합니다.
*잘못된 책은 바꿔드립니다.